Sergio
C. Fanjul

EL
ESCOMBRO
FLUORESCENTE

Sergio
C. Fanjul

EL
ESCOMBRO
FLUORESCENTE

Un cuento ciberpunk

EL ESCOMBRO FLUORESCENTE
Un cuento ciberpunk
Sergio C. Fanjul

♦

Colección: Letra Bastarda, 38
Primera edición: mayo 2025

♦

© 2025, de los poemas, Sergio C. Fanjul
© 2025, de la cubierta, Martín de Arriba
            @martindearriba
© 2025, de esta edición, Letraversal

♦

Dirección editorial: Ángelo Néstore
Diseño: Martín de Arriba
Maquetación: Letraversal
Ayuda a la edición: María Eloy-García & Noa González Sirgado

♦

ISBN: 978-84-128275-6-9
THEMA: DC DCF
Depósito legal: MA 527-2025

♦

Impreso en España por Safekat · *Printed in Spain*
Bajo el cuidado de Rubén González Domínguez

♦

♦

LETRAVERSAL
www.letraversal.com

INTRODUCCIÓN

0. El Astrónomo se presenta y da cuenta de la situación

Me llamaban el Astrónomo
porque había sido educado
para orientarme por los astros.

El hemisferio norte no tenía secretos para mí:
                    las constelaciones
representaban códigos binarios
que iban saliendo de mi cráneo.

                    Allí dentro siempre estaba solo.

El cisne, el cangrejo, Orión, el arquero,
el toro con su ojo Aldebarán,
me estaban ignorando. Tumbado en la playa,
en el punto medio de la vida,
admirando el firmamento nocturno,
                    me asomaba a un abismo.

Yo fui el que echó sus velas a internet
y no regresó en su sano juicio.
                    Yo fui el que intentó sabotear
                    el ferrocarril informativo.
Yo fui el que memorizó cada página
de la vieja enciclopedia y luego olvidó
                    quinientos megabytes:

no podía pensar en otra cosa
que no fuera otra cosa
y entonces
            esa cosa ya era otra.

Cable atravesado, mi cuerpo,
resquemor en cada chispa. Regando

las flores sintéticas, preparando con esmero
        la quimioterapia,
atento a las moléculas
                bajo una luna muerta.

        Sabía predecir el futuro
observando el flujo infinito de los datos,
los suspiros de silicio del robot.
Según mi prospectiva
        íbamos a ser bombardeados.

Pero en la Ciudad Sitiada
        el cielo neblinoso
era del añil violáceo de *Blade Runner*:

se fugaba una estrella cada noche
y no sabíamos dónde ir a refugiarnos.

Sublime como costra,
                pleno y cielo,
yo era el que quería ser
                sangre de ciervo.

PRIMERA PARTE

1. En los límites de la Ciudad Sitiada

No hay escapatoria,
            me dijeron los filósofos.

Salí de casa para salir de la Ciudad Sitiada
y caminé por las calles que más fielmente
permitían seguir la geodésica.

                    Nos dicen
que podemos movernos libremente
por la urbe pero
        —míralo en Google Earth—
                    el espacio transitable
es bien escaso:
                    estrechos senderos
entre moles de ladrillo y hormigón,
en el laberinto de las ratas,
vigilados por científicos gigantes.

Cruzo pasajes subterráneos, pasarelas elevadas,
plazas chungas donde esperan los que ansían
        la más química belleza,
barrios obreros en los que la esperanza
                            explota
en el vuelo del plástico
contra el muro que pintó un anarquista.

Trato de trazar la más justa radial
que me lleve de centro a periferia,
                de   expulsarme extramuros,
                de   franquear el foso,
                de   llegar a las llanuras de justicia
que emergen en mitad del desierto
                Campo Semántico.

No hay escapatoria.

Míralo en Google Earth:
                              —parece gratis—
autopistas salvajes, *scalextrics*
que bajan al centro del planeta,
toneladas de asfalto
cada segundo más sólidas,
nos impiden huir a pie.

Los coches hilvanan cataratas insalvables,
                    la circunvalación nos circunvala:
un aro de cebolla en mal estado,
el gran colisionador de hadrones,
el último muro en Jericó,
                    que no se rinde.

              El ángel exterminador
sobrevuela las luces de neón
del centro comercial poligonero.
              Atrapados
dentro de la fortaleza,
bajo este cielo naranja infierno
que ni uno se atreve a señalar,
                              por si se quema.

Escucho, por encima del muro,
el rumor del viento entre las vigas maestras
de las flores.

Ahí fuera
tienen que haber *fast foods*
donde despachen la vida que es más buena.

              Yo solo quería huir de la Ciudad Sitiada,
pero los filósofos estaban en lo cierto.
              La cárcel está dentro.

2. Nostalgia de la socialdemocracia

En la periferia
            de la periferia
de la periferia
            de la periferia,
al borde del abismo,
                se baten las palas del pinball,
el asfalto se agrieta,

nieva el cielo como una tele sin antena.

                Merodeo por ahí.

Es el desierto el que moldea la ciudad
o es viceversa.   Los bloques obreros,
fractales de ladrillo. Los tratados de urbanismo
pronostican la destrucción de la ciudad, la urbanización
sin fin del campo, la corrosión del carácter. Liebres,
¿por qué
            habrán construido lugares tan idénticos?

En cuanto a mi vida,
                —ay, no sé—
es solo un sucedáneo gris
de lo que imaginé hace tanto tiempo
con el *walkman* bailando por la acera. Un cuento
contado por un idiota, lleno de ruido y de furia,
que no tiene sentido. Ya solo pienso
en las polémicas y mi corazón
se está pudriendo.

Mamá: ahora que estás muerta
ya sé cuánto mide el mundo.

Me queda vagar
por el páramo socialdemócrata
arrullado por la canción de la tragaperras:

el ladrillo visto, el toldo verde botella,
el columpio animado por un viento fantasmal,
el hombre que vende melones en la acera,
el que practica *running* huyendo de la botella,
el salario mínimo interprofesional
a duras penas.

En la barra metálica del *grasabar* se acodan los señores.

Mi deseo es salir, escapar del bombardeo (...). Solo eso.

Nadie me mira.
Nadie mira a nadie,
nadie escucha, en la lejanía,
el motor gutural de los Junkers alemanes
quebrando el cielo.

Se acercan las bombas.

Pero aquí el silencio es gelatina mística:
en silencio los azulejos,
el calendario de la Virgen María,
la flamenca.

Un perro muerde un bastón con empuñadura de perro.
El más viejo del lugar levanta la mirada del vaso,
se gira y tiene los ojos en blanco.

3. La humanidad amontonada

Impresionantes los edificios, ¿eh?

cuánta gente hay en la Ciudad Sitiada,
cuánta gente se amontona, literalmente,
en las ciudades, tenemos que construir
edificios donde los unos vivan encima de los otros,
literal y metafóricamente,
y al lado los otros de los unos, teselando
el espacio tridimensional, lanzando pisos
hasta el cielo, levantando nuevos bloques
en la periferia, donde todo está dormido
y las calles son tan anchas que el viento
nos impide caminar, como en los páramos
tenebrosos del Romanticismo: un ciudadano ahí
es tan pequeño como un árbol pequeño y muy lejano.

Son impresionantes esos bloques clónicos, ¿eh?
y el diseño racional e higienista de los ensanches
del XIX, menudo burgués aburrimiento,
y también es ciertamente impresionante
el trazado caótico de los centros
medievales, de las ciudades árabes, rizoma
y coliflor, semejantes a un cerebro.

Quién será toda esta gente que vive en la ciudad,
en pequeñas madrigueras que observamos a través
de ventanas vagamente iluminadas, vemos lámparas,
mamposterías, la parte superior de algunos armarios,
a veces una cabeza recortada contra el techo
de algunos de los pisos en los que solíamos vivir,
y se nos parte el corazón.

Millones de personas que se amontonan, que caminan
las unas sobre las otras, ¿eh?,

literalmente,
que se molestan
las unas a las otras con sus ruidos respectivos, que tosen
a la vez en contrapunto, vidas que se cruzan
en las reuniones de vecinos,
que se odian moderadamente, que no aparecen en los
realities,
que no llegan a lograr monetizarse
de forma satisfactoria, que solo cumplen
las mínimas funciones vitales, en franquicias textiles,
pasando el dedo insistentemente
sobre la pequeña máquina que consume y resume
la existencia.

Ni siquiera quieren escapar
de la Ciudad Sitiada,
ni siquiera ven venir el bombardeo, millones de ojos
ciegos, narcóticos, escasos de vivienda social,
para qué sirven, con qué sueñan,

a qué hora se acuestan.

4. Las revoluciones silenciosas

Hay flores

que sobreviven en el mínimo sustrato
del asfalto, algunas tienen pétalos azules
muy pequeños, algunas son alucinógenas;
hay raíces de los falsos olmos siberianos
que se revuelven dentro del alcorque, que rompen
las aceras, lentas,
sin ninguna posibilidad de triunfar
más allá del ámbito local.

Los peatones prefieren ignorar.

Las palomas cimbrean la cabeza
a ritmo de *hip hop*.

Los repartidores reparten, pero casi nunca reciben
amor, algunos pierden, en cambio,
la vida atropellada en la glorieta.

Los guardias de seguridad,
rematadamente rectos,
recitan mentalmente recetas de meditación
para aguantar el espeso paso de las horas
en la cafetería autoservicio, en el supermercado
de descuento, en el *megastore* de bricolaje.

Nunca se acaban los días,
pero qué pronto se acaban.

Hay mucha sedición inadvertida y mucha sed,
mientras todos nos vigilamos y todos
nos reflejamos, en contrapicado,
sobre la superficie de la lente.

A cambio,
dentro del borde de la pizza está fundido
el queso cheddar con aroma a jalapeño.

Yo soy el Astrónomo extraviado,
reformista del alambre,
hogar del puercoespín eléctrico,
solo por la Ciudad Sitiada, triste
hombre yermo que
espanta a los niños y a los pájaros,
que, al fondo de la foto, lejos, en invierno,
camina sobre un río helado.

5. Bronwyn hace acto de presencia
en el andén de metro

La danza de la catenaria, cuando la gravedad
interacciona con la materia inerte y la materia se rinde.
La gravedad que siempre vence y que nos cantaba
las canciones y los
                cubitos
de hielo crujiendo dentro de mi tórax:
solo como un guisante / como está cansada
la motocicleta / tronchada en un desguace.

Yo, atrapado. Vibraban, lejos,
                    los Campos Semánticos.

                  Pero pasó un tren azul marino.
Me atrapó la linealidad del tiempo,
cómo la fina madeja se va disolviendo
                    a nuestra espalda
dejando solo ciertos moratones cognitivos.

                  El resto es olvido.

Recuerdo:
La primera vez que hice algo por primera vez /
Los sándwiches mixtos sobre los que se construye
la infancia / Un vuelo sobre el mar Cantábrico
hasta la verde Erín, ciego de cafeína,
corriendo por los pasillos con mandíbulas
mecánicas / Mi tía desmenuzando el pollo
y dándome de comer con los dedos
en un dos caballos amarillo
que subía con dificultad
la montaña prerrománica / Yo estaba nuevo.

Ella murió hace cada vez más tiempo.

Aquel día había una niebla que parecía la Nada.

Yo estaba nuevo y no quería morir,
          ahora deseo truncar la fortaleza,
encontrar nuevos significados, el hueco por
el que filtrarme
cuando los guardianes estén mirando a la Luna,
quiero salir y tumbarme flotando dos palmos sobre la
hierba,
olvidar a las hordas de tuiteros.

Entonces apareció Bronwyn
               (¡oh!)
y me dio la esperanza de un tiempo circular,
un tiempo que girase y girase y volviese siempre
al mismo sitio:

caminaba por el andén, vestida en madreselva,
flotando, *gender fluid*, sobre pompas de jabón,
emanando profundidades abisales. Afrodita,
hija de Urano, que surge de la espuma de las olas.

Bronwyn, te vi aparecer por vez primera,
y no te supe pronunciar. ¿Podría, al menos
tutearte?

Diminutos fogoneros dentro de mi cuerpo
derretían los cubitos de hielo, ahuyentaban
el frío como quien barre serrín a última hora.

               Me pareció conocerte
de una vida anterior a una vida interior,
tu puesta en escena, tan rompedora,
sugería un *loop* en el que el acceso
al conocimiento no era más que recordar

                              lo que ya hemos olvidado.

Me pareció un buen plan
eso de que el tiempo fuera un círculo:

Bronwyn, le dije,
a partir de ahora tú
serás la que me explique
los filmes que no entiendo.

Tú serás quien me entregue
el objeto mágico del cuento.

6. Los cartógrafos del miedo

Los hay que prefieren estar en casa,
dentro de la respiración de los muros,

   los que aman los mapas
porque permiten ir lejos sin moverse;
pero que también temen los mapas
porque señalan lugares distantes

y,
   a su vez,
            dibujan mapas
imaginarios sobre su piel,
sobre el parquet, sobre la pesada luz
mayonesa, la luz única que entra
por el patio de luces.

                  (¿cuánto?
                  ¿30 metros cuadrados?
                  ¿1.500 euros / mes?)

Yo fui uno de ellos,
cartógrafo del miedo, *hikikomori*,
tres veces doméstico:
ácaro, pelusa, telaraña,
patria de sudor e incandescencia que,
desde una esquina,
recorta las sombras sobre el techo.

               (Oferta extraordinaria,
                  para entrar a vivir,
                     radique aquí sus sueños)

Son los que están sitiados
dentro sí mismos,

dentro de la Ciudad Sitiada,
pero en vez de tratar de huir
                               se refugian
entre los zumbidos de los electrodomésticos,
casi inaudibles de noche,
cuando las patitas de los arácnidos
retumban napoleónicas.

(No pienso salir jamás de mi cuerpo,
no pienso perder la cabeza,
por si vienen a usurpar)

Son legión silenciosa,
          exploradora del diazepam,
que a todas horas trata de dormir,
                    pero no duerme.

7. Lo más importante que dijo Bronwyn y que conviene no pasar por alto

Si quieres escapar del bombardeo,
        si quieres escapar de la Ciudad Sitiada,
si eso es lo que te dictan esas voces
que piensas que dicen otros, otros que no son tú,
cuando se hace el silencio
        y pasa el diablo en la moqueta,
si realmente has imaginado tu huida en Super8,
tendrás que seguir mis instrucciones,

                        me dijo Bronwyn.

Yo unas veces te hablaré a un oído,
otras veces te hablaré al otro. A veces
no me verás porque estaré tumbada
                sobre tu músculo cardíaco,
como una vieja actriz de Hollywood
sobre un *chaise longue* de terciopelo.

        Otras veces
me verás, porque te agarraré de la mano
con la fuerza justa para dar muerte a un gorrión
                con disimulo.
Es importante que nunca mires donde pisas
y que nunca pises donde miras.

Para escapar de la Ciudad Sitiada,
                para escapar del bombardeo,
me dijo Bronwyn,
tendremos que decirlo todo
de todas las posibles maneras,

preparar
una ensalada conceptual / habitación

de las maravillas / gabinete de curiosidades
donde lo posible sea imposible
y lo imposible se derrumbe como un flan.

Pondremos un coche bomba
en el corazón de la dictadura nerviosa
de las redes sociales.

Nuestro objetivo: aumentar
                la densidad metafórica
hasta que su propio empuje nos permita pasar.
Es pura Física.

Cuando escapemos del bombardeo,
                cuando escapemos de la Ciudad Sitiada,
nos sentaremos sobre los cepillos de dientes
que nacen salvajes en los Campos Semánticos.

Y podremos, por fin,
charlar tranquilamente.

8. Primera visión de los Campos Semánticos

Dicen, Astrónomo, que en los Campos Semánticos
no quedan textos.

Los carteles están mudos, no dicen
los ingredientes los envases, en los periódicos
las fotos no traen pie, de modo que todo el mundo
es anónimo y nadie conoce a nadie.

En los Campos Semánticos se han olvidado
de cómo se componen poemas, de qué son
los poemas, de modo que hay pocas guerras,
                           y las que hay,
se hacen en silencio.

Los enamorados
             no graban sus nombres

en las cortezas de los tejos.

9. Bronwyn se integra con éxito en la vida del barrio

Oh, Bronwyn,
los skinheads te traen ramos de flores
y tú flotas sobre las aceras chocolateadas:
        cuando te ven llegar, los jornaleros
del carbohidrato, sobre sus precarias
bicicletas, los barrenderos, las floristas,
                se ponen contentas
y les importan una mierda
        sus condiciones laborales.

Generas tanto bienestar
que resultas contrarrevolucionaria,
los niños antilloran a tu paso,
        y no solo antilloran
también sienten otra mar de sensaciones
que aún nadie ha bautizado,
        de lo escasas. Oh, Bronwyn,

los skinheads (me refiero a los skinheads buenos),
te preparan tartas de queso con arándanos
y los árboles del barrio te hacen reverencias
cuando vas a reciclar el papel y los envases.

Eres Big Data, tienes dual-core
        para amar el doble,
y comes demasiados yogures de ciruela,
(pero nueve de cada diez expertos dicen que eso es sano).

Oh, Bronwyn, la gente arroja tortillas
de patata cuando pasas por la calle Lavapiés,
y caen de los balcones
y ruedan calle abajo
como si fueran las ruedas

del carro en el que el Sol
cruza el firmamento cada día.

Oh, Bronwyn,
eres glutamato monosódico y canela en rama.
Te adoran los parques y jardines, los traperos,
las Fuerzas y Cuerpos de Seguridad del Estado.

Voy a hacerte un contrato indefinido porque,

oh, Bronwyn,
deberías ser consejera delegada en el Ibex-35.

10. Especulaciones sobre el urbanismo demente

No sabemos si la ciudad es una máquina mecánica
hecha de engranajes, pesos y balanzas, resortes
nunca imaginados, un juego de fuerza y reacción
de un relojero ciego que tira la bola
de billar y esconde un muerto,
                              y nosotros
somos los *bugs* que interfieren los relés,
lo que molesta, lo que impide
                              las sinergias.

No sabemos si la ciudad es un artefacto electrónico
recorrido por ráfagas eléctricas:
                              nosotros
somos los nodos computacionales, los unos y los ceros,
las unidades mínimas de los cálculos fugaces,
las partes del circuito que nadie ya comprende
a través del espejo oscuro
donde vemos el reflejo deformado del deseo.

No sabemos si la ciudad es un organismo vivo,
con arterias y avenidas, bombas ion
sodio-potasio y membranas intercelulares
en los parques, quizás nosotros no seamos
transistores sino sinapsis neuronales
de una gran mente urbana, o aquellos personajes
que aparecían en *Érase una vez la vida*.

La ciudad que se levanta iracunda contra otras,
como Godzilla contra los robots extraterrestres,
en el mercado global de los relatos
y hace temblar los pasajes subterráneos y asusta
a los morlocks y hace que gire aún más rápido
el núcleo metálico y ardiente de la Tierra.

No sé, Astrónomo, parece falso, parece la mera
necesidad de pertenecer a algo más grande,
de conservar una identidad única y rebelde,
                                        la tristeza
de la ausencia de esas propiedades emergentes,
las que hacen de un hormiguero algo más que un
hormiguero, una mente colectiva, la pena de pensar
que las cosas no son más que la suma de sus partes
y no una nueva dimensión extra que aparece
y cambia todo.

//

Coda: Aquel día tuve que arreglar un secador.
Después de ver sus tripas, al montarlo de nuevo,
me sobraba un tornillo solitario.
El secador soplaba igual, mejor, que antes.

11. La eternidad en el supermercado eterno

La fila del Carrefour de Lavapiés,
                     abierto 24 horas,
un sábado a medianoche, es una hilera de hormigas
que se pierde en el tatuaje de la reponedora
más triste.

Siempre te hacen líos con los turnos, tienes que afiliarte.

Tú tendrías que estar roneando en la discoteca,
                   yo he venido en busca de dos bolsas de
Top Corn Frit Ravich y de una razón para vivir.

Traperos cubiertos de miel la lían
en las escaleras mecánicas, los clientes
de AirBnB exigen pizzas congeladas,
los atunes nadan en sus latas;
                en la cola me veo atrapado
entre una hermosa *hipster*
que porta doce rollos de papel higiénico
Scottex doble hoja y un hombre bengalí
de mermelada y de limón:

                   ahí estoy,
congelado en mitad del mundo,
y la existencia, y la compraventa:
              todo me es simétrico.

Miro las redes sociales
y recuerdo cuando me dijiste,
             (tú no te vendes, Bronwyn, tú no tienes precio)
que te gustaba el arroz blanco con ajo
y las formas más deformes del amor.

Según se agota la fila y llego a la caja siete
entiendo que todos vamos a morir, pero
este Carrefour seguirá abierto,
igual que seguirán las olas del océano Pacífico
lamiendo las costas de Japón.

Al salir nunca sé dónde cojones
tengo que dejar la cesta
                                        y fuera
me vuelvo a encontrar a ese perrito
que mira adentro en busca de su dueño,
y que siempre me da tanta tristeza.

No me llames, amor,
que me dejé el móvil en casa.

12. Segunda Visión de los Campos Semánticos

Dicen, Astrónomo,
          que en los Campos Semánticos
no hay conexión a Internet.

De modo que han fabricado collares
con rollos de fibra óptica y lanzan
ondas electromagnéticas en las fiestas
igual que serpentinas.

En los Campos Semánticos no hay *routers*,
no hay *wifi*, los teléfonos siguen domados,
atados con un cable en espiral,
                        así no atacan,
de modo que hay grandes pozos
donde arrojan camiones de orfidal
y las personas se pasan el día
haciendo el amor
con las ramas
de los sauces.

13. Algunas consideraciones sobre la fuga

Consideremos la huida.

No necesariamente tiene una causa psicopatológica.
Puede provenir de una discontinuidad luciferina
en la vida cotidiana, una pérdida de memoria,
                                        amanecer
en un descampado, rodeado de coches aplastados
y bobinas de cobre, sangrando.

Consideremos las acelgas, los ácaros, el horario
de invierno, esas gotas que corren por los cristales
cuando llueve como una jaula. Y cavar un túnel
con una cucharilla de postre.

Consideremos la fuga,
la alegría de quien coge un barco y el barco
está en una botella y la botella se arroja
al mar y el mar está dentro de un vaso y el vaso
se cae y se revienta contra el suelo
y alguien barre los fragmentos.

Bronwyn, tienes que considerarlo,
                        allá donde se pone el sol
                                        hay un Starbucks.

14. Departamento de propaganda: en caso de ataque aéreo

Apagad las luces y los fuegos.

Cerrad puertas y ventanas.

Cerrad el agua y el gas.

*No os resguardéis detrás de las puertas,
hacedlo detrás de las paredes maestras.*

Id a los refugios señalados, con orden.

Sin correr.

Marchad contra la dirección del viento.

Si no tenéis refugio cerca, echaos al suelo junto a las casas.

Bajad de los tranvías.

Ayudad a los ancianos, niños y paralíticos.

No hagáis el curioso.

*No abandonéis los coches en medio de la calle.
                    Hacedlo junto a las aceras.*

INTERMEDIO

Letanía de Bronwyn

Bronwyn, ten piedad.
Bronwyn, óyenos.
Bronwyn, escúchanos.
Bronwyn, madre celestial,

ruega por nosotros:

Diosa que sale del pantano,
Madre de la divina gracia,
Corona de cristal,
Prudentísima guía,
Aventura psicotrónica,
Emprendedora intrépida,
Consuelo de los migrantes,
Liberada sindical,
Tarta de fresa,
Fuente de la Esperanza,
Placa base a terahertzios
Purísima droga,
Líder poderosa,
Material superconductor,
Verdad revelada,
Causa de nuestra alegría,
Whopper,
Doble Whopper,
Tripe Whopper
Bacon-Queso,
Cifra incalculable,
Vaso insigne de devoción,
Flor explosiva,
Lilith posmoderna,
Arca de la Alianza,
Conciencia cósmica,

Viento de la carambola,
Espejo de la justicia,
Lotería premiada,
Eterna feminazi,
Perla de la periferia,
Casa de oro,
Ansiada replicante,
Trono de la sabiduría,
Torre de marfil,
Refugio de los pecadores,
Celebrity del cosmos,
Auxilio de los narcotraficantes,
Puerta del Cielo,
Reina de los mártires,
Reina de la innovación,
Reina del *high frecuency trading*,
Reina de las traperas,
Reina de los ángeles,
Reina de las maquinas,
Reina de las reinas,
Rosa mística,
Musa de Cirlot,
poeta y coleccionista de espadas,

                    ruega por nosotros.

Tú que quitas el pecado del mundo,
perdónanos.
Tú que quitas el pecado del mundo,
escúchanos.
Tú que quitas el pecado del mundo,
ten misericordia de nosotros.

                    Amén.

SEGUNDA PARTE

15. Guía del observador de bombardeos

El cielo negro: una lona rajada por puñales;
las únicas estrellas, candelas entre arbustos,
titilan como pixeles. A nuestros pies
la ciudad, un circuito integrado, la inmensidad
                              del Pac-Man.

Un edificio que se llama como España.
                 Un edificio enorme, abandonado
por el magnate chino y los obreros.
Un galeón hundido, tupido de coral,
en el Triángulo de las Bermudas.
                              Desolado y postatómico,
como esos cementerios donde entierran
a los concejales de Cultura.

Subimos por el laberinto del andamio.
En la azotea reinan Andrómeda y Pegaso.
Tú has traído el astrolabio y los matraces.

Bronwyn, me dices «mira»,
y el trémulo reflejo del neón
sobre tus labios te hace parecer
una actriz a media jornada.
                 Alrededor los zorros
bambolean sus colas pintando
un anillo de fuego / un reflujo *techno*
en la boca del estómago.

Los Junkers alemanes procedentes del sudeste
comienzan a sobrevolar Callao y la Gran Vía.
                 Las bombas silban neonatas.
Hordas de turistas entran a saco por los flancos.
                 Derrumban edificios estilo Chicago.

Derrotan a las Brigadas Internacionales.
Adiós a los sin voz, adiós a los sin tiempo, adiós.
            Las franquicias enemigas despliegan
una insólita variedad de hamburguesas /
batidos *smoothie* / color verde marciano.

El pan escala,
los vecinos huyen de sus casas
dejando su lugar al invasor,
atravesados por los continuos flujos de mercancía /
de capital / de personas: el sucio deseo
de competir en el mercado internacional
de las ciudades globales. El invasor
ama las compras de lujo
en las grandes avenidas de adoquines dorados.

—Llevamos un mundo nuevo en nuestros corazones
                —decían los anarquistas—,
no nos da miedo construirlo sobre ruinas humeantes.

El viento racheado trae, de pronto,
la portada del *Daily News*
del 29 de octubre de 1975
y se me engancha en la cara.

        «*The president to the city:*

                drop dead».

No podemos hacer nada, digo desde lo alto,
esto no admite resistencia, solo nos queda
escapar de la Ciudad Sitiada. Bronwyn,
                melena en llamas,
sombra menguante, me miró aquella noche
como se mira
        a una estatua ecuestre.

16. Una fantasía ciberpunk

Hay una bruma artúrica que anega el pasillo
/ una cruz de neón que brilla al fondo. Siempre
es de noche / siempre llueve. Me veo reflejado
en tus gafas de espejo / siento lástima del mundo.

Nuestra vida ahora es esto: Bronwyn,
un viaje, un bucle, una fantasía ciberpunk.

Lo imaginaron algunos escritores de los 80:
un futuro distópico / cercano, perfectamente verosímil,
donde el desarrollo tecnológico desbocado
convive con altos niveles de desigualdad / de pobreza.

High tech, low life.
                    Todo ha salido regular tirando a mal.

Las megacorporaciones dominan
a una población inserta / presa en una red mundial,
una inteligencia artificial omnímoda
somete a la especie humana. Nos deslizamos
por callejones oscuros, sorteando peleas / contenedores
rebosantes de basura / cazarrecompensas virtuales /
fluorescentes en prostíbulos electromecánicos:
nos ahoga la desesperanza y la violencia.
Licores furiosos / neuromantes.
El cromo líquido fluye por tu brazo,
                              es una enredadera.

Tal vez toda la superficie del planeta sea ya una ciudad,
de modo que no sea posible escapar de la ciudad.

                          La irrealidad
ha devorado a la realidad, lo intangible a lo tangible,
manda el bit antes que el átomo, por eso, Bronwyn,

me gusta tanto tocarte.
Tú / tu exoesqueleto corriendo descalzos por las
autopistas de la información, atravesando
                              nubes de gases tóxicos.

                    Mira los rascacielos nocturnos
donde las pantallas colonizan las fachadas /
los paisajes artificiales / los ciborgs
que caminan guiados por *smartphones*,
con ropa fluorescente y pelos de colores
imposibles de hallar

                  en la naturaleza.

Se reproducen los errores en el sistema operativo.
Huele a fresas sintéticas y extraño, como tú,
el antiguo fragor   de los quioscos.

17. Las máquinas deseantes erran por el eje comercial

Maquinas deseantes siguiendo los flujos
de su propio deseo, iluminadas por los maniquíes,
cuerpos de plexiglás, quemando plástico. El deseo,
que solo es operativo en su incompletitud,
que muere al colmarse y deja triste a la economía.

En este diciembre enfermo los números abstractos
no paran de rotar. La horda se agolpa
entre la arquitectura hostil,
                          en las plazas de titanio
no hay donde sentarse, pero sí
una promoción corporativa:

                          Pruebe gratis
nuestro producto, nuestra comida clónica,
nuestras avanzadas máquinas de Realidad Virtual,
nuestras ganas de vivir a medio gas. Sea igual
que todo el mundo y aun así, sea diferente,
                          sea usted mismo
siendo lo que de usted se espera.

                          El escaparate final.
La desesperación de alguien que solo ha venido
a comprar unos limones, los rápidos movimientos
que dejan líneas impresas en el espacio
                  como si esto fuera un cómic.
Hay quien llega desde los confines
        e hinca, tembloroso, su rodilla en la acera.

Siguen los efluvios del *nugget* de pollo
igual que una revelación, nunca miran al suelo,

excepto para una selfi de carácter melancólico.
Quieren ser fuego artificial, hacer acto de presencia.
Odian la tos de los presentadores, odian su sarro.

Nada es suficiente.

Sísifo con los dientes rotos, y los tigres.

Y cuando tengamos las manos vacías
¿acaso no querremos pan? ¿y acaso no
querremos rosas cuando tengamos pan?
¿y acaso no querremos drogas cuando tengamos
rosas? Un piso multipropiedad, un robot
aspirador, una suscripción anual a una esfera de cristal
dentro de la que vuela una mosca.
¿Y acaso no querremos amor cuando ya tengamos todo?

Y, ¿acaso no es amor el bien supremo, lo más valioso,
la demanda elástica, lo más escaso, eso que mendigamos,
lo que no se aposenta, lo que se esconde
detrás de los abalorios, los bajorrelieves,
las cruces policromadas, detrás de esas horas,
después del rezo, en las que uno prefiere
disolverse en el paisaje?

Solo quieren que les quieran.
¿Pero hay suficiente amor en el planeta?
¿Algo nos sacia?

Sísifo, ay, que ahora cae rodando
por la escalera caracol.

Las máquinas deseantes no se han quedado atrás,
después de darse cabezazos contra los límites del mundo,
no se sabe si consumiendo
o consumidas,
en pos de un crecimiento infinito,
de corte casi religioso.

No se dejan ni un *like* tirado en ningún sitio,
exprimen
       al máximo
            las posibilidades
de eso que vamos dejando de llamar
Realidad: muy firmes los pulgares,
     arriba los corazones pixelados.

Muchos se han perdido para siempre
dentro de su *smartphone*, en esos vertederos
de atención de los que nadie
ha logrado encontrar jamás
             la escapatoria.

Cuando llega a caja, Sísifo se queda sin crédito,
al menos, suspira, no llegará a ser víctima
de la adaptación hedonista.

18. Nuestros protagonistas reflexionan sobre la vecinofobia

Cariño,
el barrio se llenó de zombis
                    centroeuropeos.

Hacen cola para comer la ensalada
de las vísceras, salen en desfile militar
y, los domingos de fiebre
el ruido de los ruedines
                    de sus maletas *trolley*
retumba en los edificios,
        ahuyenta a los roedores,
atrae a los que acumulan.

Oh, mi corazón
está ahora escrito en la espuma del capuccino
                    de una *influencer*,

pero dónde están ahora las bandas criminales,
la chinche, el pis por las esquinas.
Volved a defendernos,
                    pequeños delincuentes casuales.
Venid a ver la sangre por las calles.

Después del bombardeo desahuciaron
a las vecinas para hacer hueco
a las tropas enemigas,
                    dejaron
sus cosas en un rincón
de la escalera: una vida convertida
en candelabro, mesa camilla, manta zamorana,
una muñeca algo siniestra.

Solo eso.

He visto la violencia azul celeste,
los policías robóticos empujando el ariete,
los cristales rotos, los cuerpos blandos de los activistas
que se interponían a un juez lejano y sordo.

Ahora los promotores
se enseñorean por la calle Argumosa,
sobre los carros de combate, señalan
a los balcones como se señala
                          a un condenado,
toman medidas para el ataúd de las viviendas.

Una pija hojea un libro en gran formato
sobre Jean-Michel Basquiat,
con la esperanza de que alguien le haga
                          una foto cuadrada.

            ¿Recuerdas, cariño?

                  Por eso huimos,
Lavapiés doliente y acerado,
porque los avariciosos
nos apretaron las tuercas del dinero,

porque desaparecieron
                          los pinchos de tortilla.

19. EL MANDATO DE BRONWYN

Escucha, dijo Bronwyn surfeando
los nenúfares: escribirás
un libro sobre nuestra diáspora,
un libro exagerado, alucinado,
excesivo,

        algo *kitsch*,
un libro autorreferencial, un libro
que rice el rizo, que se lija dos
veces a sí mismo

        Astrónomo,
tú escribirás las cosas que yo lije,
y seguirás con febrícula mis pasos, y serás
testigo de mis sortilegios
todo quedará registrado
        para siempre
y ese libro será demasiado
y lo presentarás a los premios
más potentes y,
        quién sabe,
tal vez halle la gloria,

        Tal vez la serie en Netflix.

Escribirás un libro torrencial,
  que sea como yo, que-sea-yo
      porque
tú no vienes conmigo

        tú te zambulles en mí.

Yo broto del pantano.

20. La Realidad pura y dura

podríamos estar cayendo en un avión en llamas.
Pero estamos aquí: tú, Bronwyn, que estás fabricada
con bosques ardiendo, que imitas a la nieve
en la medida de tus posibilidades, que te enfurruñas.

Los oficinistas que se inventan la Realidad
                                                te han tecleado.

Pero imagínate que la Realidad no existe,
                        que es inaprensible por los sentidos,
que hay algo más allá del ultravioleta
que detectan los aparatos científicos.

Bronwyn, eres nouménica, azote de los antikantianos
que salen en las revistas de tendencias, das golpes
                        en la mesa del mesón
            con los nudillos
como si fueras a cantar una tonada, tratando de mostrar
la contundencia de las cosas.

Estamos tratando de escapar
            por la esquina del viejo mapa,
cerca de la rosa de los vientos, donde dicen que pululan
                                                los dragones.

No me digas que no es esto lo que veo, la Ciudad Sitiada,
los ladrillos, la propaganda electoral,
                                la mujer que se asoma
vestida de vaca a las puertas de la escuela infantil
y mira alrededor como si hubiera cometido
                                    un crimen.

Bronwyn, aunque solo conozca un 8 % de ti, eso me sirve.

No aspiro a más.

Quién sabe, quizás vivamos
dentro del núcleo de una célula de un monstruo
lovecraftiano,
que ocupa desde siempre y desde lejos
todo el espacio y todo el tiempo
y que se devora a sí mismo todo el rato.

21. Seguimos teniendo ganas de desfasar

El Asterisco es un hombre
que es una espiral que cae y cae y no para
de caer sobre sí mismo, un hombre
que es un pozo sin fin,
                            un hombre que es antípoda.

Es miembro de la vieja banda tóxica, sus recuerdos
son sepia y heroína, nos lleva a Malasaña,
un barrio que es un *#hashtag*.

—Astrónomo, todo esto es muy exagerado.
—*Vamos a bailar en el sol*, —le digo yo—
todos los días son días de fiesta.

Mariposas tatuadas
revolotean alrededor del espinazo, hortelanos
cultivan sus huertas de *cupcakes*, *hipsters*
con cabeza de ángel ardiendo
por la antigua conexión digital;
todo es exagerado y frívolo
como una pegatina de esas que regalan
con la bollería ultraprocesada.

—Recuerda los tiempos heroicos— dice El Asterisco,
mientras escupe sangre contra el suelo—, cerraron
el bar donde solíamos parar—
y sigue con otros tópicos de la edad madura.

Eran sagas escandinavas en las que la peña
se revolvía contra los horarios y los calendarios,
oculta tras las persianas bajadas. Mediodía,
las pupilas muy abiertas, unas ganas decadentes de follar:
el Asterisco nunca piensa en la merma

en su esperanza de vida. Es un hombre
que nunca volverá a ser lo que era.

—Me lo pasaba tan bien, y eso que apenas lo recuerdo.

Vivió muchos años en otro país,
                    y ese país eran los bares.

Los zetas nos echan mal de ojo
y anochece al ritmo lejano de las bombas.
Yo quiero aprender a perderme una vez más,
llegar con Marco Polo al *after hours.*
                    Pero ya nadie me saca por ahí.

22. Sin miedo a la bóveda celeste

Viajamos por los tejados
como nadando de noche en el mar,
            brincando en los trampolines,
besando a las gárgolas,
            enredados en los arbotantes
y los contrafuertes
            de las viejas iglesias,
dejándonos caer por los planos inclinados
con desidia gótica,
            el *rollercoaster*
                        de las azoteas.

            Oh *velveteen*,
somos adolescentes místicos,
naif como poetas de Instagram,
sintiendo la espuma en el esternón,
un lejano verano lleno de rocas saladas
                        y centollos,
acróbatas nocturnos, dentelladas,
estamos abuhardillados, saltando sobre las tejas
como las teclas del piano:
la ciudad resuena y muere
                        la ciudad ahí abajo,
moribunda,
            como un escombro fluorescente.

Queremos hilvanarnos en el viento
porque este viento es otro y nos habla
de otra forma, no tenemos miedo
a chocar contra la bóveda celeste,
hemos conquistado la tercera dimensión
dejando metáforas amontonadas
                        como la nieve.

Qué pequeñas son las buenas personas
desde aquí,
electrones indistinguibles,
hormigas más abajo de los pies,
hijas consumibles del tarot,
a tiro de nuestros esputos, mientras
cruzamos aéreamente la ciudad,
con las nubes enredadas en cabellos,
torbellinos en los ojos,
                entre antenas parabólicas
y repetidores cancerígenos,
entre el olor a suavizante
de las coladas al viento,
                como fantasmas.

Bronwyn, esto no tiene nada que ver
con el tan vilipendiado amor romántico,
esto tiene que ver con rendir pleitesía,
con la verdadera adoración,
    con las velas, el incienso, las promesas,
                los cilicios,
la sangre fluyendo por la espalda.

Esto tiene que ver
            con seguir los *chemtrails*
                del firmamento.

            Nunca tuve tanto vértigo,
nunca estuve tan cerca de morir,
nunca el amor se planteó como una huida
del campo gravitatorio de la Tierra.

23. Viaje al centro de la Tierra

Y llegados a este punto del guion Bronwyn se escurre
                          por alcantarillas
donde duerme el subconsciente urbano: elefantes,
meteoritos, vías de agua, fuentes, calabozos
donde los grilletes apresan esqueletos.

Nuestras vidas: túneles oscuros, fogonazos,
                          como el maquinista del metro.

Está oscuro,
                          no sabemos dónde vamos:
vamos a emerger entre maoríes, a descubrir
la inexistencia del sonido, la existencia de la ausencia
de la luz, como en la mina asturiana: un Manhattan
inverso. Una buena parte de las aguas negras,
                          contra las creencias populares,
está constituida por jabones
y diversos tipos de detergentes sintéticos.

—A veces creo ver a mi padre
abriéndose paso a dentelladas entre las raíces
de los olmos. A veces creo estar
                          perdiendo la cabeza mientras escucho
en el exterior
caer copos sobre los diseños de la acera.

Llevamos años bajo tierra.

4.500 kilómetros de laberinto, retumban las voces,
se intuyen los cuerpos que huyeron
                          de otros bombardeos,
congelados en los hielos fantasmales.

Bronwyn habla:
—aquí eres un Astrónomo sin cielo,
            un científico terrestre,
creciendo en las profundidades
                    al modo de un micelio.

Un trayecto subterráneo similar a las ramas
de los árboles que se recortan contra el cielo,
            en los días más administrativos del otoño,
y parecen grietas, y el cielo se derrumba, pero solo es
hojarasca
y entre la hojarasca, con cierto estruendo,
                    se escapa una rata.

Pero tú, oh tú,
            tienes una malformación congénita:
tu cabeza está hecha del mismo material
                    que el Sol.

Astrónomo,
            tú que escrutabas los cielos
                    ahora escrutas las sombras.

24. Territorio rebelde

Esa pequeña mancha blanca en el mapa,
                              aislada,
en el norte del territorio español,
es el espacio de tierra que aún te queda hoy,
                       1 de julio,
para refugiar tu rebeldía.

A cada hora que pasa se va haciendo más pequeña.

(...)

Estás encerrado en un círculo de hierro y fuego
que se va estrechando inexorablemente.

¿Dónde te refugiarás cuando quieras huir?

¿Por dónde podrás ponerte a salvo?

Hasta el aire es nuestro,
porque cientos de poderosos aviones
lo surcan incesantemente.

Defenderte sería una locura inútil,
porque sucumbirías irremediablemente,
sin fruto y sin gloria.

Entrégate a las tropas nacionales,
                   miliciano asturiano,
antes de que sea tarde y haya pasado la hora del perdón
y la benevolencia.

La España Nacional te espera aún
y cuenta con tus brazos para labrar su porvenir
                       glorioso y justiciero.

25. Estamos rodeados

Estamos rodeados de los pobres, estamos rodeados de los que piensan que no son pobres, estamos rodeados del puñado de ricos invisibles que traspasan la vida con tentáculos, estamos rodeados de grandes extensiones de ladrillo, de urbanizaciones periféricas, desguaces, descampados como jardines botánicos para el entendido en flora espontánea, estamos rodeados de pequeñas industrias, de talleres, de bares de carretera con luces azules y rosas, estamos rodeados de hierbajos y de árboles secos, de buitres que giran alrededor de las estatuas, estamos rodeados de liebres huidizas, de satélites meteorológicos, de ondas electromagnéticas en todas las frecuencias, estamos rodeados de praderas, de montañas, de sistemas quitamiedos, de piscinas de plástico llenas de agua calentada por el sol, del cinturón de asteroides, estamos rodeados de discursos perversos, de relatos, de alimentos procesados, de anuncios de whisky y de basura espacial, de colegios de pago con pistas de tenis y de camposdel golf, estamos rodeados de palacios presidenciales, de humo y universidades, y centros de investigación científica, y parrillas, y estamos rodeados de centros comerciales de extrarradio que están en todas partes y en todas partes son el mismo, de la misma manera que todos los fuegos son el mismo fuego, estamos rodeados de asfalto, de farolas, de dióxido de carbono y de dióxido de nitrógeno y de dióxido de azufre en cantidades muy superiores a las recomendadas por la Unión Europea, estamos rodeados de recomendaciones, y de enumeraciones, y placas fotovoltaicas, y etcétera,

cómo,

entonces,

podremos escapar de la Ciudad Sitiada si nadie lo ha hecho antes, si nadie ha vuelto para contar cómo se escapa, cómo darnos esquinazo a nosotros mismos si la ciudad somos nosotros y nosotros somos a la vez el que quiere entrar pero no puede y el que quiere salir pero no sabe, qué será de nosotros, quién rezará por nuestros pecados, por qué huele gasolina, cómo podremos huir para siempre a los lejanos Campos Semánticos donde nada está rodeado de nada y todo está OK.

26. El pan blanco que cae del cielo

Todo es mentira
en las propagandas rojas,

este es el pan de cada día en la España de Franco:

el que guardamos en nuestros graneros
para compartirlo
                el día de la liberación
con los hermanos cautivos.

Mientras vuestros jefes
exportan las cosechas
y malgastan el oro
                en propagandas calumniosas
o en comprar armas
con las que prolongar vuestra agonía,
la España Nacional
                        siente la angustia
que padecéis,

os envía esta muestra de su recuerdo,
para los niños,
                las mujeres,
                        y los enfermos.

27. Tercera visión de los Campos Semánticos

Dicen, Astrónomo, que en los Campos Semánticos
han abolido el trabajo.

De modo que se ha deslaboralizado la vida
y los ciudadanos boscosos se pasan el día
mojando caracolas y suizos en grandes
tazas de Cola Cao, con grumos.

En los Campos Semánticos no hay lejanas
oficinas de extrarradio, nadie se duerme
en el metro, son las máquinas las que rellenan
los informes y nadie pertenece al departamento,
                                    de Marketing,

de modo que las tardes de domingo
no son campos devastados después de una batalla
                              y, al mismo tiempo,
todos los días son domingo por la tarde.

28. Bronwyn, anoché soñé

bajo el puente, lejos
de las linternas de las tropas invasoras,
que el mundo,
          por fin,
     se inundaba en un océano polar.

La Ciudad Sitiada,
perdida en una esfera líquida.

Tú, erguida en la orilla, escrutando
el mar, avistabas unas naves rompiendo
               el horizonte,
traían a ogros gigantescos, con cuernos
de rinoceronte, en busca de buenas inversiones
          ante los que tú te reclinabas,
les lamías
     las manos,

mientras
yo era arrojado a una mazmorra de cartón piedra,
atado con grilletes, derrotado y sudoroso, y en los pelos
de mi pecho, ancho como el pecho de un galán,
se dibujaba un mapa de la Atlántida.

Pero lo peor, oh Bronwyn,
era que los Campos Semánticos habían sido inundados,
sus extensas llanuras de cepillos de dientes plagadas
de seres imaginarios, sus colinas silenciosas
donde reunir suficiente atención para vivir,
sus brócolis milenarios bajo los que se reúnen
               los lugareños,
los castillos ingleses del XVII desconectados,
llenos de almohadones y fantasmas tristes.

Solo se veía asomar,
        entre las olas,
                la parte superior del campanario.

La desatención a los límites del ecosistema
te había arrojado bajo el poder de los ogros,
a los que ahora lames las manos,
mientras yo, encerrado en la mazmorra,
me planteo un excitante futuro como autónomo.

29. En caso de invasión, cobramos suplemento

Le pedimos radio al Taxista
(es tan amable que resulta servil, y huele a pino).

La corresponsal anuncia la entrada de más tropas
enemigas en la urbe:

«Cautivo y desarmado...»

Los ciudadanos jalean al ejército invasor en la Gran Vía,
huele a sobaco,
                traen bollos de pan blanco
y nuevas formas de posar ante las cámaras.
Los quintacolumnistas abandonan las despensas.
                Se escucha la alegría del traidor.

                Algunos resistentes resisten en las estaciones
de metro,
fuman tabaco negro y comen rodajas de chorizo,
escriben cartas temblorosas
                a las gentes del futuro.

                        ¿Qué ha sido del futuro?
—se pregunta el comandante
mirando la oscuridad de los túneles—,
el futuro estaba antes en su sitio, ansiábamos
coches voladores, mayordomos
robóticos, queríamos más flúor, queríamos
cumplir con los trámites vitales antes de morir.

Y cita teatralmente a Fredric Jameson:

«Es más fácil imaginar el fin del mundo,
                que el fin del capitalismo».
                (Nota: A mí me ha parecido algo impostado)

Entonces coge su revolver
y se vuela la cabeza. El cañón aún está caliente
cuando el Taxista cambia de emisora
y pone un hilo musical intrascendente.

                        —Si no les importa,
me estoy poniendo muy nervioso. Por
cierto, en caso de invasión, les cobro suplemento.
                        Lo pueden ver en las tarifas.

Está muy bien que los átomos sean pequeños
para que el mundo no aparezca pixelado.
Está muy bien que las expectativas sean bajas
para que no se rompa el corazón,
                        le digo a Bronwyn,
tratando de buscarle
un prisma bueno a todo aquello.
                        OK, solo quería cambiar de tema.

Disfruto viendo el punto cruzando Google Maps.
Me hace pensar que somos parte de este mundo,
                        que importamos,
aunque estemos camino del exilio,
                        aunque no logremos encontrarlo
¿cómo salir de la Ciudad Sitiada?

En X (antes Twitter) el *hashtag* #invasión es *trending topic*.
Bronwyn tiene escarabajos trepando por su pelo
y somete a sus mandíbulas a una presión
                        de dos atmósferas.

Cuando el taxista frena, salta el airbag y nos produce
arritmias imperceptibles, electrocardiogramas raros
que se reproducen en el taxímetro.

Es aquí —dice el Taxista—
                        hemos llegado.

30. El vertedero de las civilizaciones

Es que hay un multiverso
                          dentro de cada quark,
en las burbujas de jabón y en las violentas olas
que lamen la costa cantábrica,
                          en las fiestas de la espuma
que celebran las discotecas de provincias.

Es que hay un multiverso
en cada pieza de basura olvidada
en este vertedero, un Corte Inglés
cabezabajo, como Hegel.

Bronwyn, tú no eres basura, tú eres crema,
guíame a través de la almoneda maloliente:
        es una exhibición de *ready mades*;
dime, oh, Bronwyn en qué momento, por qué
extraño hechizo o sortilegio, se convierte
la mercancía en la basura.

                    Dentro del desecho viven razas alienígenas
que observan nuestro planeta
                          y se sonríen:

«Pobre especie humana, tan orgullosa y suicida,
con solo dos ojos, con solo dos piernas,
con un solo cerebro,
¿cómo pueden sobrevivir al borde la Vía Láctea?»

Un multiverso: curiosa forma de ver un montón de
desperdicios,
muelles, envases y cáscaras de plátano, dos
cadáveres, un pedazo de cerámica romana;
como una asamblea cósmica de civilizaciones, mucho

más sofisticada que el tan cacareado sumidero
de la Historia, es decir, la hegemonía global
del capitalismo y la democracia liberal (hoy en solfa).

(Yo había imaginado un vertedero
sobre el que se posan las gaviotas, un vertedero sobre
el que vuelan las gaviotas inmóviles
                            en relación con el salitre,
un vertedero que huele a puerto de mar, un vertedero
                                    que huele a vertedero,
a agua grasienta cuya superficie brilla, irisada
por el reflejo del Sol.
Pero a este vertedero solo se llega tras un colapso ecológico
o una guerra nuclear).

Escucha con atención,
                    me dijo Bronwyn, y lo dijo muy seria,
convertida en un monstruo de mil ojos y tentáculos
(Bronwyn podía ser terrible si quería),
                                escucha lo que resuena
en cada yogur vacío, en cada bujía grasienta, en cada
revista porno vieja y pegajosa, en cada niño abandonado
que te mira con la cara tiznada de hollín, qué demonios
hago aquí,
                            ay dios qué
pena,
en cada silla con tres patas, en cada poster de un equipo
de fútbol de los años ochenta, en cada campana, en cada
destornillador, en cada trozo arrugado de papel de
aluminio,en cada ticket restaurant, en cada adorable
rata, en cada gargajo que ha llegado aquí probablemente
por error,
        y es muy viscoso y lúcido,
pero, sobre todo, escucha tu corazón,
                            que también late chatarra.

Bronwyn,
tanta huida y tanta hostia
        y solo conseguimos llegar a un vertedero.

31. Cuarta visión de los Campos Semánticos

Dicen, Astrónomo, que en los Campos Semánticos
han abolido el tiempo.

De modo que no hay prisa para nada,
y nada apenas se mueve, excepto las espigas
que agita el viento del oeste.

En los Campos Semánticos no hay notificaciones,
los calendarios son perseguidos por las autoridades,
así como los relojes atómicos,
                              ni siquiera hay citas,
de modo que las personas se encuentran
por azar y hacen las cosas de la vida solo si hay suerte
y, en ese mismo instante, les apetece.

32. La destructora de mundos

—   En esta ciudad la gente vive y muere por motivos banales. Todo gira alrededor de un vacío y dentro de ese vacío no hay ninguna fiesta. El brillo del óxido les obnubila mientras mezclan nitrato de amonio con cloruro potásico. La vida es un sucedáneo de la vida es un sucedáneo de la vida es un sucedáneo de la vida. En esta ciudad la gente vive y muere peleando a muerte por la nada. Esta ciudad y quien la habita merecen mi más enérgica condena.

—   Eres fría y despiadada, Bronwyn. Bronwyn: tú eres Bronwyn, la destructora de mundos.

INTERMEDIO SEGUNDO

Apocalypse remixed

Cuando se abrió el séptimo sello,
Bronwyn, se hizo el silencio en el cielo.

El primer ángel tocó la trompeta,
y hubo granizo y fuego
        mezclados con sangre,
y la tercera parte de los árboles se quemó,
y se quemó toda la Ciudad Sitiada.

El segundo ángel tocó la trompeta,
y una gran montaña ardiendo
fue precipitada en el mar;
y la tercera parte del mar
        se convirtió en sangre,
y murió la tercera parte de los seres vivientes.

El tercer ángel tocó la trompeta,
y cayó del cielo una gran estrella,
ardiendo como una antorcha,
y cayó sobre la tercera parte de los ríos,
y sobre las fuentes de las aguas
y muchos hombres murieron
a causa de esas aguas,
porque se hicieron amargas.

El cuarto ángel tocó la trompeta,
y fue herida la tercera parte del sol,
y la tercera parte de la luna,
y la tercera parte de las estrellas,
y miré, Bronwyn, y oí a un ángel volar
diciendo a gran voz:

                        ¡Ay, ay, ay,
                 de los que moran
                   en la tierra!

El quinto ángel tocó la trompeta
y una estrella cayó del cielo a la tierra;
y se le dio la llave del pozo del abismo.
Y abrió el pozo del abismo,
y subió humo del pozo
y oscureció el sol.

Y del humo salieron langostas sobre la Ciudad Sitiada;
y se les dio poder, como tienen poder
los escorpiones.
Y se les mandó que no dañasen a la hierba
sino solamente a los hombres
que no tuviesen el sello de Dios
sobre sus frentes.

Y en aquellos días los hombres
buscarán la muerte,
pero no la hallarán; y ansiarán morir,
pero la muerte huirá de ellos.

El sexto ángel tocó la trompeta,
Y, Bronwyn, oí una voz del altar de oro
que estaba delante de Dios:

Desata a los cuatro ángeles
que están atados
junto al gran río Éufrates.

Y fueron desatados los cuatro ángeles
que estaban preparados para matar
a la tercera parte de los hombres.

Y el número de los ejércitos
de los jinetes
era doscientos millones.

Yo, Bronwyn, oí su número.

Así vi a los caballos y a sus jinetes:
tenían corazas de fuego, de zafiro y de azufre.
Y las cabezas de los caballos
            eran como cabezas de leones;
y de su boca salían fuego, humo y azufre.

Por estas tres plagas fue muerta
la tercera parte de los hombres;
por el fuego, el humo y el azufre
que salían de su boca.

Y los otros hombres
que no fueron muertos
y ni aun así se arrepintieron
de las obras de sus manos,
ni dejaron de adorar a los demonios,
y a las imágenes de oro, de plata, de bronce,
                de piedra y de madera,
y no se arrepintieron de sus homicidios,
ni de sus hechicerías, ni de su fornicación,
                ni de sus hurtos...

El séptimo ángel tocó la trompeta.

Y el templo de Dios fue abierto en el cielo,
y el arca de su pacto se veía en el templo.
Y, Bronwyn, hubo relámpagos, voces, truenos,
un terremoto y grande granizo.

TERCERA PARTE

33. Un virus *celebrity* mundial

Apareció el virus más famoso, perseguido
por los paparazzi, *celebrity* mundial,
que llena las portadas de revista
y las primeras páginas de los principales
periódicos globales, que aviva el fuego
en las tertulias, y en algunas personas hace mella:
        acampa al fondo del pulmón y les ahoga,
la gente se muere en directísimo directo,
la muerte es un número creciente en las pantallas,
demasiado grande para que quepa dentro del cerebro,
demasiado grande para el llanto, demasiado abstracto,
el virus más famoso, el virus del que todo el mundo
habla, el que nos une en la debacle y en la bronca,
un simplicísimo organismo que está cambiando
el curso de la Historia, derrumbando
con su acción mínima
        la economía del planeta.

El virus va a su bola, no se entera
del caos que está creando, es pura acción,
supervivencia y expansión sin voluntad,
es la naturaleza semiviva y semimuerta,
es cuántico y felino, un poco zombi,
es el afán depredador capitalista
hecho partícula genética. Solo busca
seguir, hacer más de lo suyo, prosperar,
montar franquicias, salir en Forbes,

¿por qué la vida es tan tenaz?

34. El breve encuentro del urbanita con la zoología

Se abrieron las mentes y salieron las bestias:
   los pensamientos más comunes
                        tienen forma de alimaña.

Se abrieron las puertas del zoológico,
                        se escaparon los seres animados
que habitan los dibujos de los niños,
fauna de plastidecor troceada
               en las bandejas de polímeros
                        de los supermercados.

Es muy literario ver correr rinocerontes por la calle,
               señaló Bronwyn con acierto,
subida a las torres inclinadas
donde dicen que va a nacer el Anticristo.
      Son como aquellos que vi una vez en Senegal,
bajo la luz filtrada por los árboles:
estaban quietos y callados, parecían dioses forestales
salidos de un film de Miyazaki.
                        Eran inmanentes.

Bronwyn, me gustan tus dientes incisivos,
—me recuerdan a esos chicles
                  que vienen en un blíster—,
me gustan tus ojos, claramente inspirados en los gamos,
tú también podrías ser un animal fugado, deberían
exponerte en el escaparate de una tienda de mascotas,
para que viniera yo, embozado en la noche, terrorista,
a liberarte.

Ahora han salido a la palestra los monstruos
microscópicos,

han llegado jabalíes a las puertas de las urbes,
saltan los delfines en Gran Vía,
                            y nosotros estábamos

                        en tránsito.

35. Primera visión del Fin del Mundo

Un bote de detergente, una muñeca rota,
                    un radiocasete quebrado,
hay paisajes cadavéricos, páramos baldíos plenos de
basura.
La basura: eso que era útil hace un rato,
como el propio planeta que rugía y cantaba
y que se ha ido haciendo un ruido sordo, un olor áspero,
hemos metido
la última foresta bajo la cúpula de plexiglás,
                    el mundo se ha ido yendo
poco a poco. Bronwyn, hemos enviado al espacio
nuestra última semilla,
un mensaje arrojado al océano cósmico,
vivimos, ahora, en un desierto, territorio inhóspito, mil
veces oxidado,
colapso lento por el que caminan algunas personas
torcidas
                    que solo miran al suelo
   y que solo visten andrajos.

36. El arte de la memoria

Lo recordaremos así / desnudos / soñando cielos australes
/ poniendo los ojos en blanco / los que se pierden
en trance / derviches girando / *electrotechno*.

Lo recordaremos así / una noche que duró una semana /
yaciendo contra el muro / la lluvia ácida nos borró
como a un fuego antiguo.

Le pondremos mucha épica,
                       saborizantes biosintéticos,
citaremos las bombas, por supuesto.
                       Podríamos ser superhéroes
como la primera vez que nos subió la
                 3,4-metilendioximetanfetamina.

Podríamos ser leyendas
en esas redes sociales que solo conocen en China
   y aún no sabéis utilizar,
                    /sucios capitalistas/
porque

la memoria tiene un filtro que solo permite
lo muy bueno / que el pasado es fantasía
modulada por deseos / el afán de que la vida sea
un *best seller*.

Diremos que escapamos, apelando a la posverdad,
                    señalando este hecho alternativo,
con la furia del tuitero anónimo,
le pondremos efectos especiales,
contando con mimo los cepillos de dientes que brotan,
como sables láser,
               en los lejanos Campos Semánticos,
será todo verosímil, pero falso, pero casi.

Hay gente que viene a la Ciudad Sitiada a comerse el
mundo
　　　　　　　y acaba comiendo en la mesa de al lado
de alguien que se come el mundo.

Hay gente que solo trata de huir de la Ciudad Sitiada
　　　　　　　　　　　　　　para contarlo
porque nuestra generación
comprende a la perfección la importancia
del hecho comunicativo / estamos educados en la
hipérbole,
de modo que

　　　　　　　ganaremos la batalla del relato.

37. Una rave divina y mística

Nos gustan las iglesias. Entramos,
       pisamos
              con cuidado.

No hay gente en las iglesias,
solo algunas viejas susurrando sinsentidos
a las llamas titilantes de las velas /
las ligeras penumbras / los reflejos dorados,
       se acercan a una de esas figuras mitológicas
y la miran pidiendo paz, piedad, perdón.

                      Nosotros,
queremos que resuene el mismo eco
                      en nuestros cráneos
que en las superficies interiores de las bóvedas,
miramos el retablo,   pero no ese policromado,
adornado en pan de oro al fondo de los arcos,
       miramos el retablo
              de nuestra propia existencia,
hacemos valoraciones
              sobre nuestro Vía Crucis.

Los curas confesores
en sus pequeños habitáculos cuadrados
       (Bronwyn, siempre quise entrar en uno de esos)
              parecen los dj's de un rave divina y mística.

La liturgia merece revisión:
                      la misa de este siglo XXI
              debería incluir
algo de pirotecnia
              y de *performance*:
la fuerte carga moral del hecho religioso,

el relato alucinante, la cosmovisión
tremenda,
                              trágica y balsámica,
son un material de primera calidad
para dar un show más refinado:
algo rabiosamente   contemporáneo.

Qué será de las iglesias donde el tiempo huele,
donde el silencio se puede asir con las dos manos,
                    qué haremos,
                              qué haremos con los espacios
vacíos
que deje el Fin del Mundo en la ciudad.

Quizás plantemos bosques tropicales
                porque el bosque siempre se comerá
a la Humanidad, o montañas rusas
                    de un solar a otro,
grandes acuarios en los que deprimir a las ballenas
asesinas.

                    No sé,
                              es tan aburrido el futuro.

Nos gustan las iglesias.

            Sobre todo las barrocas.
Nos encantaría estar plenamente convencidos
de que la vida es eterna.

            Moriría por Dios,
Bronwyn, sin pensármelo dos veces.

38. Segunda visión del Fin del Mundo

Parecía fruto de los cálculos mentales de un demente.
Al final un funcionario ha apretado un botón rojo.
                    Los misiles han florecido equidistantes,
las ciudades globales del planeta se han evaporado
como una pastilla efervescente.
El más absurdo desorden
en las transacciones financieras,
en las telecomunicaciones,
en los suministros de energía, falta agua,
falta electricidad, falta el aliento
mientras huimos a no sé dónde
y el cielo se cubre de ceniza
y bajan las temperaturas en un invierno nuclear.

Bronwyn,
llevo el frío en las vibraciones lentas de mi cuerpo, los
rayos gamma
atraviesan y rompen cada molécula de mi ADN.

39. El conocimiento os hará libres

Los Conspiranoicos con sus conspiraciones
y sus sombreros raros y sus investigaciones
realizadas en la universidad del cuarto de baño.

Los Conspiranoicos
con sus clamorosos culpables y sus caleidoscopios,
con su verdad autoensamblada y sus científicos rebeldes,
con sus cantantes de moda y su Nuevo Orden Mundial,

los Conspiranoicos
quieren abrazarse por la calle,
y pensar que el mundo es plano y comprensible
y tener alguna cosa que hacer cada domingo
por la tarde con amigos que también son

         Conspiranoicos
que miran al cielo con angustia e insultan a un Boeing 747,
que asaltan pizzerías buscando el mal
al final de la escalera,
que viven una peli de James Bond, venciendo a Spektra,

los Conspiranoicos
con sus magnates decididos a dominar el mundo
y sus logias masónicas y su club Bildeberg
y sus barras de pan
que compran a diario mientras le comen
la cabeza al panadero

los Conspiranoicos,
con sus maneras de rey mago y sus ardores de estómago,
y sus pequeños pisos iluminados por la pantalla azulada
de YouTube,
        de noche,

muy tarde,
      la hora en la que se descubren las conspiraciones
a la luz del flexo justiciero.

Los Conspiranoicos
en mil madrugadas de conocimientos secretos,
de amistades cibernéticas, de estallidos de furia
y sueños turbulentos,

los Conspiranoicos,
esos para los que el mundo nunca
es suficiente, que no respetan la salud
ni las ciencias matemáticas, que viven al borde del abismo,

que gritan Libertad al gran vacío cósmico,

que lucen camisetas que dicen:
       «el conocimiento os hará libres»,

hay que joderse.

40. El entierro de los muertos

La Ciudad Sitiada es un lugar
con cinco millones de cadáveres
(según recientes estadísticas). Las lápidas
del camposanto conquistan un horizonte
cruzado por autobuses públicos y *runners*.
                    Las flores surgen de la piedra.

—Yo a ti te conozco
            —me dijo el Enterrador.

El Enterrador es un señor normal,
que vive en un barrio periférico,
que tiene miedo a los fantasmas,
que fue boxeador en otros tiempos,
que hace barbacoas los domingos,
que engendra lilas de la tierra muerta,
y los lunes ejerce de barquero
            cruzando el lago Estigia.

                            A veces
            el Enterrador
abre los sepulcros y le toma el pulso
a un muerto
                        (mero trámite).

Todos acabaremos aquí, pero no todos
acaban de creérselo, los hay jóvenes,
los hay asintomáticos (es el páncreas),
los hay que cruzan el umbral
por la pista de hielo.

Al Enterrador le gusta recordar
a un luchador de lucha libre americana

que tenía su misma profesión
y del que sus hijos eran fans.
        Luego se va a cambiar de tumba
los restos mortuorios, como quien trabaja
                        en Amazon.

Vive entre alcaldes, folclóricas, toreros
de otros tiempos, arquitecturas masónicas,
líderes comunistas, paisajes románticos
y escudos de clubs deportivos
a los que rinden pleitesía
                desde otra dimensión.

                —Enterrador,

¿por qué se pudre lentamente mi *software*?
¿por qué se pudren más de un millón de cadáveres
en la Ciudad Sitiada? ¿por qué mil millones de cadáveres
se pudren lentamente en todo el mundo?

Enterrador, ¿qué pasa cuando mueres?

Pues que vengo yo y te entierro.

41. Tercera visión del Fin del Mundo

Una vida de alucine tecnológico.
Mundos pixelados en los que hacer mejor la compra.
Una asistente personal de nombre exótico que adivina
mis deseos.
Una máquina que es mejor que yo en todos los aspectos.

Bronwyn, fuimos orgullosos:
la Humanidad no era el fin supremo,
el motivo de existencia de las cosas,
la cumbre del proceso evolutivo,
solo era un paso necesario para llegar
a la gran protagonista: la inteligencia artificial.

42. Canción del parchís

Uno da la vuelta al mundo
                    en el parchís.
Se arroja a la competición y a la violencia,
afronta la incertidumbre y el azar,
le devoran sus seres más queridos.

(Cuando el dado cae fuera del tablero
no sabemos qué demonios significa,
como en las teorías más modernas de la Física).

Al final,
después de tanto viaje y tanto nervio
el tesoro está junto a tu hogar.

Hemos vuelto, hemos vuelto, hemos vuelto a casa.

Lo sabemos antes de empezar,
y aun así jugamos una y otra vez.

Nosotras
regresamos vencidas por las bombas,
por el empuje demente
de la Ciudad Sitiada, la gran urbe villana.

Una urbe autoinmune que devora a quien la habita,
que le expulsa / que le enferma / que le mata /
carbohidrato y nitrógeno en exceso,
jornadas extenuantes en empleos inestables.

Hemos vuelto, hemos vuelto, hemos vuelto a casa.

Porque la vida al ralentí es infinitesimal, tendente
a cero, pero no por ello menos plácida.

Nuestro gesto es mínimo.

Es la vida auténtica:
morder moqueta, dormir la siesta,
despertar cansado, tirar el dado del parchís,
desayunar huevos con salchichas.
                    Que la vida iba en serio
lo empezamos a entender en casa: más que jaula,
palacio bizantino, más que celda, útero acolchado,
   resort turístico,
                    Benidorm del alma.

Hemos vuelto, hemos vuelto, hemos vuelto a casa.

Nunca la diferencia entre el espacio público y privado
fue tan nítida.

A través de las ventanas, perros sacando a señores,
precarios jornaleros de la grasa, domadores
de leones, barrenderos: aquellos cuyo cuerpo
                            es combustible.

Cuánta tragedia, Bronwyn, heroína spinoziana, el
exterior está
anegado en gráficas interrumpidas, en muerte telemática
desde el otro confín del mar Mediterráneo
                            y no podemos hacer nada;
            los Campos Semánticos
parecen ahora un lugar lejano y falto de interés,
la Ciudad Sitiada da lo mismo,
no va ya con nosotros.
                    Nosotros aquí,

monjes zen, frailes cartujos, *gamers* irredentos,

        hemos vuelto a abrir nuestro perfil de LinkedIn.

43. El síndrome de la cabaña

Nunca podré tocar las paredes internas de mi cráneo,
        —pía, duramadre, aracnoides—
nunca la luz podrá alcanzar mis intestinos;
        ni siquiera
las cámaras de vigilancia chinas,
sus avanzados sistemas
        de reconocimiento facial,
podrán investigar el flujo de iones a través
de la membrana celular de mis neuronas.

(Hay sistemas nerviosos que fallan
y dejan a su usuario enclaustrado
en un cuerpo consciente pero inmóvil)

Tal vez lo más inalcanzable no esté ahí fuera,
sino dentro, deberíamos dejarnos
caer por al agujero insondable que lleva
        nuestro nombre.

(¿en qué pantalla interna
se proyecta eso que llamamos mundo?,
es, tal vez, el problema más duro
de las ciencias cognitivas)

Dentro estamos bien.

Cercados por el bombardeo, nos reunimos alrededor
de la hoguera electrónica, en el salón de nuestra casa,
hacemos cursos a distancia, bebemos hasta caer redondos
        por videoconferencia.

Los árboles están creciendo tanto y parecen
tan soberbios, que cualquier día romperán
los ventanales y entraran para comernos,
pero no tenemos miedo.

Bronwyn ha tomado forma humana (tiene brazos,
tiene dedos, tiene nervios) y cocina desnuda,
friendo, sin temor, unas cintas de beicon.

Mientras tanto, la luz melocotón
al fondo del pasillo, el country alternativo
que suena flojo cerca del sofá, y tú
que te enredas en el pentagrama
                      como una interferencia.

            Me arrastro en el parqué siguiendo
la trayectoria errática de las pelusas,
la simplicidad de la sístole. Por las noches
se refleja sobre nuestro rostro
el estrobo azul de las patrullas.

Aquí pasamos los días
esquivando y esperando
                la muerte.

Índice

AGRADECIMIENTOS

Gracias a Ángelo Néstore por confiar en este viaje. A María Eloy-García, Jimena Marcos y Liliana Peligro por sus atentas lecturas y comentarios.

Durante la escritura de este poemario he leído, entre otros, a estos poetas. Ojalá se haya pegado algo.

Ernesto Cardenal. Anne Carson. Alba Cid. T.S. Eliot. Fruela Fernández. Juan Gallego Benot. María García Díaz. Berta García Faet. Juan Andrés García Román. Ted Hugues. Vicente Huidobro. Roberto Juarroz. Kenneth Koch. Pablo Neruda. Carla Nyman. valter hugo mãe. Xaime Martínez. Marianne Moore. Frank O'Hara. Carlos Pardo. Nicanor Parra. Berta Piñán. Alejandra Pizarnik. Silvia Plath. Laura Ramos. Adrienne Rich. Alberto Santamaría. Charles Simic. Wallace Stevens. James Tate. César Vallejo. William Carlos Williams. Y John Ashbery, pero poco.

El escombro fluorescente se terminó de imprimir el 15 de mayo de 2025, por encargo de Letraversal ediciones. Ese mismo día de 1852, George Gabriel Stokes publica su trabajo sobre la fluorescencia donde una esfera en caída libre se precipita sobre un líquido viscoso. Y, entonces, se hace la luz del bar ochentero, del tanatorio, de la oficina y de los edificios múltiples, especulados por concejales, en la misma caída libre de la esfera.